D0994896

TRUCS
POUR LES PARENTS D'ENFANTS DE 0 À 5 ANS

LES ÉDITIONS QUEBECOR INC.
7, chemin Bates
Bureau 100
Outremont (Québec)
H2V 1A6
Téléphone : (514) 270-1746

Copyright © 1994; Les Éditions Quebecor,
Christine Fleury
Dépôt légal, 2e trimestre 1994

Bibliothèque nationale du Québec
Bibliothèque nationale du Canada
ISBN: 2-89089-609-9

Éditeur: Jacques Simard
Coordonnatrice à la production: Dianne Rioux
Conception de la page couverture: Bernard Langlois
Correction d'épreuves: Claire Campeau
Infographie: Composition Monika, Québec

CHRISTINE FLEURY

TRUCS
POUR LES
PARENTS
D'ENFANTS
DE 0 À 5 ANS

Les Éditions Quebecor

Données de catalogage avant publication (Canada)

Fleury, Christine, 1956-

    Trucs pour les parents d'enfants de 0 à 5 ans

    ISBN 2-89089-609-9

    1. Éducation des enfants. 2. Enfants - Psychologie. I. Titre. II. Titre: Trucs pour les parents d'enfants de zéro à cinq ans.

HQ769.F43 1994   649'.1   C94-940453-5

Avertissement

Ni l'auteure ni l'éditeur ne peuvent garantir à 100 % des résultats satisfaisants à chacun des trucs et conseils contenus dans ce livre. La nature humaine étant ce qu'elle est... cela marche à merveille avec l'un et pas du tout avec l'autre!

Par ailleurs, certains trucs et conseils suggérés dans ce livre touchent à des questions de santé. Il est bien entendu que l'on parle ici de problèmes de santé mineurs et sans gravité, et que dans tous les autres cas, il ne faut pas hésiter un instant à consulter une personne compétente du domaine de la santé (médecin, psychologue, diététiste, etc.).

Table des matières

Avertissement 7

Introduction 13
Acétaminophène (Tylenol, Tempra,
  etc.) 14
Activité pour les enfants de
  quatre mois et plus 15
Aliments solides (première
  bouchée d') 19
Ami imaginaire 20
Appétit (manque d') 20
Bain du bébé 22
Bain du jeune enfant 23
Bave 24
Bégaiement 25
Biberon 26
Boire (difficulté à faire) 26
Bonhomme (truc du) 27

Bricolage 29
Chambre de bébé (aménagement
    de la) 30
Cohérence, constance et confiance . 31
Coliques 34
Constipation 36
Diarrhée 37
Draps de bébé (changement des) . . 38
École (amour de l') 40
Étiquette (colle d') 43
Fièvre 43
Fille ou garçon? 45
Gencives (mal de) 47
Histoire à dormir debout 47
Irritation des fesses due aux selles . 49
Jouets (choix des) 51
Menus faciles à préparer (idées de) 53
Minuterie 60
Mitaines 61
Nuit (réveil de l'enfant pendant la) 61
Ongles des doigts et des orteils . . . 64
Otites (conseils pour prévenir les) . 65
Phobie 66
Pipi au lit 67
Poinçon 69

10

Propreté (entraînement à la) 70

Querelles 74

Refus de faire telle ou telle chose
   ou la phase du «non» 76

Repos (s'accorder un temps de) . . . 77

Rhume et grippe 79

Sorties au restaurant avec un
   enfant d'un an ou deux 83

Suce 84

Suppléments et vitamines pour
   les enfants de deux ans et plus . . 86

Table à langer 88

Conclusion 91

**Lectures complémentaires
   suggérées par l'auteure** 93

Introduction

L'auteure de ce livre est diplômée en enseignement au préscolaire et au primaire, et en orthopédagogie. Elle est mère de deux enfants, Murielle 5 ans et Alexandre 2 ans.

La plupart des trucs et conseils donnés dans ce livre sont tirés de sa propre expérience, mais ils sont également les fruits d'échanges enrichissants avec des parents et amis aux prises avec les mêmes préoccupations.

Tous ces trucs, **sans exception**, ont été éprouvés avec succès par l'auteure et elle est fière aujourd'hui de les partager avec vous afin de vous éviter bien des tâtonnements épuisants et souvent infructueux, et quelques nuits blanches!

Acétaminophène
(Tylenol, Tempra, etc.)

Plusieurs enfants tolèrent mal la prise en gouttes d'acétaminophène (Tylenol, Tempra, etc.). Jeunes, ils les vomissent; plus vieux, ils refusent tout simplement d'en prendre. Que faire alors pour soulager la fièvre ou la douleur chez votre enfant?

Avant l'âge de quatre mois, *lorsque le bébé n'a pas encore commencé à prendre d'aliments solides*, il existe en pharmacie des suppositoires d'acétaminophène qui peuvent être très pratiques, mais peut-être un peu moins efficaces que les gouttes ou les comprimés (demandez à votre pharmacien de vous conseiller). À partir de quatre mois, *lorsque votre enfant s'alimente de solides*, vous pouvez **écraser minitieusement la dose requise** d'un comprimé

14

d'acétaminophène (demandez la dose exacte à votre pharmacien ou pédiatre) que vous **mélangez à une ou deux cuillerées de sa nourriture**. Plus vieux, *lorsqu'il est en mesure de bien croquer (vers vingt mois)*, il prendra, **toujours sous votre surveillance**, son ou ses comprimés avec plaisir, car il en existe de différentes saveurs (raisin, fruits, etc.).

Activité pour les enfants de quatre mois et plus

Votre bébé a quatre mois. Il ne s'asseoit pas seul, ne rampe pas, tient à peine un objet dans ses mains et vous ne savez plus quoi faire pour le distraire. Offrez-lui un poisson rouge pour ses quatre mois!

Assoyez bébé dans sa petite chaise par terre et placez devant lui à la hauteur de ses yeux un bocal de verre contenant un poisson rouge. Un poisson, c'est coloré et ça bouge tout le temps. Vous capterez son attention pour plusieurs minutes par jour. Ce petit poisson deviendra vite l'ami de votre enfant et plus tard, celui-ci pourra toujours le regarder, mais aussi le nourrir et lui parler.

Si l'on compare les coûts d'achat et d'entretien d'un poisson rouge à ceux d'un chien ou d'un chat, il n'y a pas de doute, c'est un très bon investissement!

Mais comment prendre soin d'un poisson rouge si l'on ne veut pas que l'aventure se termine en queue de poisson?

C'est simple, il suffit de bien suivre les quelques étapes suivantes:

1. Acheter un **bocal** ou une **bulle** (ni trop gros, ni trop petit) en verre assez épais;

2. Tapisser le fond du bocal de **petits cailloux** à aquarium (prendre soin de bien les laver avant de les utiliser pour la première fois);

3. Remplir le bocal à moitié avec de l'eau du robinet (l'eau doit être à la température du corps, c'est-à-dire que vous ne devez presque pas la sentir en passant votre poignet sous l'eau

— si celle-ci est trouble, c'est qu'elle est trop chaude);

4. Il n'est pas nécessaire de laisser reposer l'eau. Verser le **poisson rouge** avec l'eau du magasin dans le bocal (l'eau devrait être à au moins 3 cm (1 pouce) du bord pour que le poisson n'ait pas envie de sauter par-dessus);

5. Attendre quelques heures avant de le nourrir pour la première fois;

6. Prendre un **bâtonnet de bois** (ou tout autre ustensile du genre) et brasser l'eau quelques secondes pour y faire pénétrer de l'air;

7. Jeter dans l'eau une très petite pincée de **nourriture pour poissons rouges** (laisser flotter la nourriture — si après quinze minutes, il en flotte toujours, c'est que vous en avez trop mis).

Nourrir le poisson une fois par jour, à la même heure de préférence.

— Brasser l'eau quelques secondes;

— Laisser flotter une petite pincée de nourriture.

Changement d'eau (aux deux jours)

— Verser doucement toute l'eau du bocal avec le poisson dans un **contenant quelconque** de même capacité;

— Bien rincer le bocal et les petits cailloux;

— Remplir le bocal à moitié avec de l'eau du robinet (à la température du corps);

— Transvaser doucement le poisson rouge avec la moitié de sa vieille eau dans le bocal (jeter l'autre moitié);

— Brasser l'eau quelques secondes;

— Laisser flotter une petite pincée de nourriture.

N.B.: Si malgré tous vos bons soins, le poisson semble, un bon jour, vouloir «se laisser aller», ajouter une petite pincée de sel lors d'un changement d'eau et passer une journée sans le nourrir.

18

Aliments solides
(première bouchée d')

Faire avaler sa première bouchée d'aliments solides (en l'occurrence, des céréales) à un bébé n'est pas toujours évident, surtout si vous n'avez pas affaire à un enfant glouton.

Il y a un petit truc facile à découvrir, mais lorsque l'on peut sauver un ou deux repas de grimaces pour l'un et de sueurs pour l'autre, c'est autant de pris!

Procédez comme suit: montrez la suce à votre bébé. Instinctivement, il ouvrira la bouche. Au lieu d'y entrer la suce, donnez-lui une petite cuillerée de céréales suivie immédiatement de la suce afin qu'il ne vous recrache pas les céréales au visage. Répétez l'opération jusqu'à ce qu'il ouvre la bouche à la vue de la cuillerée de céréales.

Si vous avez un enfant qui n'aime pas sa suce et qui par surcroît n'est pas gourmand, alors bonnes séances de simagrées!

Ami imaginaire

Ne soyez pas surpris si un beau matin votre enfant de trois ans ouvre la porte toute grande à un ami... à un ami imaginaire avec lequel il partagera tous ses jeux, ses jouets, ses joies et ses peines. Votre enfant n'est pas devenu fou, c'est une étape normale dans son développement. Sans tomber dans l'exagération, vous pouvez même à l'occasion entrer dans le jeu et y participer. Au bout de quelques mois, l'ami s'en ira tout naturellement comme il est venu.

Si par ailleurs votre enfant ne semble pas adopter un tel comportement, ne vous inquiétez pas davantage, c'est que cette étape se fait de façon plus discrète à travers ses jeux d'imitation avec ses frères, sœurs, compagnons de garderie, poupées ou toutous.

Appétit
(manque d')

Beaucoup de jeunes enfants n'ont pas d'appétit. C'est un problème courant et

pour ainsi dire presque normal. Ils préfé-
reraient de beaucoup aller jouer plutôt
que de manger. On a l'impression parfois
qu'ils ne vivent que d'amour et d'eau
fraîche tellement les quantités qu'ils ingè-
rent sont minimes. Si c'est le cas de votre
enfant, les quelques suggestions suivantes pourraient l'aider à retrouver l'appétit:

— **Coupez toutes les collations**, même
  les jus. Ne lui offrez que de l'eau, sauf
  dans l'heure précédant un repas;

— Dans les premiers temps, cuisinez-lui
  principalement les plats qu'il préfère;

— Présentez-lui de **petites portions** afin
  qu'il ne se décourage pas;

— Donnez-lui son verre de lait à la fin
  du repas de préférence;

— Au bout de quinze à vingt minutes ou
  dès qu'il commence à montrer des signes de dégoût, enlevez l'assiette
  sans le gronder ou faire de commen-
  taires. Donnez-lui un dessert santé
  (fruit, muffin, yogourt, etc.). Dites-lui
  ensuite doucement d'aller jouer, qu'il

mangera mieux au prochain repas et c'est tout.

Après quatre ou cinq jours de cette ligne de conduite rigoureusement suivie, tout enfant **normalement en santé** aura compris qu'il est à son avantage de bien manger. Ne vous inquiétez pas, il ne se laissera pas mourir de faim!

Bain du bébé

Si vous n'avez pas d'évier de cuisine, il vous faudra un bain de bébé, sinon il est inutile!

Assurez-vous que la cuisine est bien chauffée. Ayez, à la portée de la main, un grand bol d'eau à la température d'un bain, un savon doux, une débarbouillette, deux grandes serviettes et l'évier de la cuisine rempli aux deux tiers d'eau à la température d'un bain.

Sur le comptoir de la cuisine, enveloppez bébé nu dans l'une des serviettes. Avec la débarbouillette mouillée, lavez-lui le visage, les oreilles et le derrière des oreilles. Découvrez-le ensuite et savonnez rapidement, en utilisant l'eau du grand bol et le savon doux, tout le devant du corps, en prenant soin de bien lui laver le cou. Recouvrez bébé de la serviette, au besoin, pour ne pas le laisser geler lorsque vous tordez votre débarbouillette par exemple. Tournez bébé sur le côté pour lui laver le dos et les fesses (chose très difficile à faire dans un bain de bébé). Vérifiez la température de l'eau de l'évier, rajoutez un peu d'eau chaude si nécessaire. Prenez bébé, une main soutenant sa nuque et sa tête, l'autre le bas du dos et les fesses. Glissez-le doucement dans l'eau pour bien le rincer. Enveloppez-le de la serviette sèche et le tour est joué!

Ne laissez jamais votre bébé seul sur le comptoir pour aller chercher quelque chose, PAS MÊME UNE SECONDE. Ayez toujours un œil et une main sur lui.

(Voir Otites pour le lavage des cheveux.)

Bain du jeune enfant

Lorsque vers six mois, l'enfant est en mesure de s'asseoir, mais pas complètement seul, un **support de bain** placé dans l'évier de la cuisine vous aidera à le soutenir. Lorsque bébé sera trop grand pour l'évier, il devra passer au grand bain. En général, les enfants adorent ce moment, mais si pour une raison ou pour une autre vous avez un enfant qui n'aime pas beaucoup l'eau, achetez-lui des blocs colorés en mousse (*foam*) de formes géométriques spécialement conçus pour coller aux parois du bain (disponibles en magasin pour moins de 10,00 $). Il ne pourra résister à aller faire trempette pour réaliser ses chefs-d'œuvre.

Une douche-téléphone s'avère également bien pratique pour doucher l'enfant de deux ans et plus à l'occasion.

Ne laissez jamais seul dans la douche ou le bain un enfant de moins de cinq ans.

Bave

Certains bébés peuvent baver énormément jusqu'à ce que la plupart de leurs dents soient percées, tandis que d'autres baveront plus ou moins. Si vous avez un enfant du premier type, prenez votre mal en patience, ce n'est pas grave juste un peu incommodant. Achetez une ou deux petites bavettes de fantaisie pour aller en visite et à la maison, mettez-lui les vieilles!

Bégaiement

Vers l'âge de deux ans, lorsque le vocabulaire est relativement développé, il arrive que certains enfants éprouvent de la difficulté à parler aisément et qu'ils hésitent, bégaient à l'occasion et parfois même assez fréquemment. En général, cela se produit lorsqu'ils ont tout plein de choses à raconter (ils veulent tout dire en même temps), qu'ils sont plus fatigués ou plus nerveux. **Ne vous en faites pas et surtout:**

— Ne dites pas le mot pour l'enfant;
— Ne complétez pas la phrase pour lui;
— Ne lui dites pas de prendre son temps;
— Ne le disputez pas;
— Ne riez pas de lui en le ridiculisant, écoutez-le patiemment tout simple-

ment comme si de rien n'était. Vous éviterez ainsi de créer un problème. S'il devait vraiment avoir un trouble d'élocution, il sera toujours temps de le corriger.

Biberon

Si votre enfant ne présente pas de problèmes de santé particuliers, la stérilisation à l'eau bouillante des biberons et tétines n'est pas nécessaire. Un bon lavage à l'eau chaude savonneuse suivi d'un bon rinçage suffit.

Par ailleurs, pour les mamans qui se culpabilisent de donner le biberon plutôt que le sein, voici une petite phrase, prononcée par une puéricultrice qu'il est bon de se rappeler à l'occasion: «Mieux vaut donner un biberon heureux, qu'un sein enragé ou anxieux!»

Boire
(difficulté à faire)

Votre enfant (âgé d'un an et plus) n'aime pas le lait, le jus de légumes, le jus d'orange, etc. Présentez-lui, de temps à autre, une de ces boissons dans un verre avec une paille, dans l'une de vos petites coupes de fantaisie en verre (surveillez-le pour ne pas qu'il la casse) ou dans une tasse de son service de vaisselle. Vous verrez comment le goût des choses peut changer de façon instantanée!

Bonhomme
(truc du)

Âge requis: 24 mois et plus.

Marche à suivre:

* Sur un carton épais, de préférence coloré, dessinez un bonhomme avec des formes (un cercle pour la tête, un carré pour le tronc, deux triangles pour les bras et deux rectangles pour les jambes). Sur un autre carton de même épaisseur, de préférence coloré, reproduisez exactement les mêmes formes et découpez-les. Achetez 12 cm (5") de velcro à coller que vous couperez en six morceaux de 2 cm (³/₄") chacun. Apposez les morceaux de

velcro de façon à ce que l'on puisse coller et décoller facilement la forme ronde à l'endroit de la tête du bonhomme sur le carton, le carré sur le tronc, etc.

Lorsque vous savez pertinemment qu'il sera difficile de faire faire telle ou telle chose à votre enfant ou de lui faire adopter tel ou tel comportement, essayez le truc du bonhomme. Dites à votre enfant de cinq ans par exemple: «J'aimerais beaucoup que tu ranges tes jouets. Si tu le fais sans grommeler, tu auras le droit d'aller coller une partie de ton bonhomme. Quand toutes les parties seront à leur place (après six demandes du parent et six réactions positives de la part de l'enfant — environ deux jours), nous pourrons aller au parc ou chez grand-maman.» Suggérez-lui toute sortie, activité ou récompense susceptibles, de lui faire très plaisir.

N.B.: N'ajoutez pas de parties supplémentaires au corps du bonhomme sous prétexte que cela prendra plus de temps avant de donner la récompense. Le temps pour un enfant paraît très long, deux jours c'est déjà beaucoup! Vous risqueriez de le décourager et ce jeu n'aurait plus d'intérêt. Diminuez plutôt la grandeur des faveurs et n'oubliez pas: «Chose promise, chose due»!

Bricolage

Dès l'âge de deux ans, l'enfant adore dessiner, peinturer, façonner de la pâte à modeler, etc. Pour lui apprendre à bricoler, quel que soit son âge, faites toujours avec lui (et devant lui) le premier modèle. Il vous regardera faire avec beaucoup d'attention. Demandez-lui cependant de vous aider dans ce qu'il sait faire. Par exemple, si vous faites un mobile avec un enfant de cinq ans, demandez-lui de choisir et de tracer une forme à suspendre (des sapins par exemple), vous découperez alors vous-même ses quatre petits sapins qu'il pourra décorer en coloriant des boules de toutes les couleurs. Il vous aidera également à couper les ficelles. Vous les nouerez vous-même en lui montrant comment. Son travail, combiné au vôtre, donnera un résultat encourageant. Quelques semaines plus tard, il vous demandera le matériel nécessaire pour refaire l'objet en question et vous serez surpris de voir comment votre enfant se débrouille bien seul et à quel point il fait preuve d'imagination.

Chambre de bébé
(aménagement de la)

Si vous avez à peindre ou à tapisser la chambre de bébé, optez de préférence pour des couleurs pastel qui procurent un environnement agréable et apaisant.

Dans la mesure du possible, choisissez pour bébé une chambre sans tapis. Évitez d'empiler les toutous en peluche dans la pièce et surtout sur son lit. Offrez-vous ou faites-vous offrir en cadeau un humidificateur à vapeur froide (à conserver dans un état de propreté impeccable) afin de maintenir un taux d'humidité se situant entre 40 et 50 %.

Une petite veilleuse pourra s'avérer utile dans bien des cas pour rassurer bébé et vous aider à le voir aisément dans la noirceur. Si par contre, celle-ci l'empêche de dormir, utilisez une petite lampe de poche pour aller observer votre enfant au besoin.

La fenêtre devrait être munie d'une toile opaque pour de plus beaux et longs dodos le matin.

Enfin, la chambre devrait être aérée régulièrement tout au long de l'année (même en hiver, lorsque bébé ne s'y trouve pas).

Cohérence, constance et confiance

Bien que l'on devienne parent du jour au lendemain, le savoir-faire relié à ce titre s'acquiert, quant à lui, jour après jour. Les trois «C» suivants sont néanmoins d'excellentes balises pour nous permettre d'avancer plutôt que de piétiner.

- COHÉRENCE:

  Ne demandez pas à votre enfant de manger ses carottes, si vous ne pouvez pas vous-même en voir une dans votre assiette! Ne lui demandez pas non plus d'arrêter de crier, si vous ne cessez vous-même de crier après tout le monde dans la maison. Évitez les contradictions de ce genre qui ne produisent aucun résultat. Essayez également de ne pas faire de chantage qui ressemble à: «Si tu ne fais pas cela, je vais m'en aller ou tu auras la fessée de ta vie», alors que vous n'en ferez rien. Vous ne réussirez qu'à angoisser votre enfant. Choisissez des punitions réalistes (le retirer dans sa chambre par exemple) ou faites plutôt du chantage positif: «Si tu fais cela comme j'aimerais bien, tu auras le droit de faire de la pâte à modeler.» Soyez cohérent, agissez avec logique. Vous aurez peut-être parfois besoin de changer certains de vos comportements, mais vivre avec des enfants, c'est avoir à se remettre continuellement en question.

- CONSTANCE:

  Si vous interdisez à votre enfant de sauter sur le lit, ne le lui permettez pas dix minutes plus tard. Si les repas doivent se prendre sans regarder la télévision, ne cédez pas à la moindre demande. Soyez ferme et constant. Expliquez à votre enfant les raisons de vos règles et tenez-vous-en à ce que vous avez dit. Il saura ainsi exactement ce que vous attendez de lui.

- CONFIANCE:

  Faites-vous confiance. Tout le monde possède ses forces et ses faiblesses. Vous vous êtes trompé ou avez dépassé les limites... excusez-vous auprès de votre enfant, celui-ci fera la même chose plus facilement lorsqu'il aura été trop loin à son tour. Chaque jour est un jour nouveau, servez-vous de vos bons coups comme de vos erreurs pour poursuivre sur des bases de plus en plus solides. Faites également confiance à votre enfant. Lui non plus n'est pas parfait, mais il a d'immenses capacités et ne demande qu'à être guidé et encouragé pour devenir un individu confiant et serein (ce que tout parent devrait souhaiter pour son enfant).

Coliques

Certains bébés ont des coliques à des degrés d'intensité variables dès les premiers jours et ce, jusqu'à l'âge de quatre ou cinq mois dans certains cas; d'autres, pas du tout. Heureux êtes-vous parents d'enfants du deuxième groupe! Pour les autres, les malheureux qui restent debout, il ne faut surtout pas désespérer, car comme le dit si bien la maxime qui a sûrement été inventée pour les coliques: «Ça finit par passer!» En attendant, cependant, bien qu'il n'y ait pas grand-chose à faire, les petits conseils suivants peuvent vous aider:

— Faites le petit kangourou (promener le bébé ventre contre ventre — votre chaleur lui fera du bien — en sautillant), un porte-bébé ventral peut vous aider, surtout à libérer et reposer vos bras;

— Couchez sur vous le bébé, ventre contre ventre, en lui massant le dos (version modifiée et moins fatigante du petit kangourou);

— Mettez-lui un petit chapeau moulant (truc de grand-mère!);

— Pendant le boire, faites-le éructer (faire faire un rot) plus souvent en le plaçant contre votre épaule ou à plat ventre sur vos cuisses et en lui tapotant le dos;

— Faites-lui boire un peu d'eau tiède;

— Si vous le pouvez, allez le promener en automobile;

— Finalement, résignez-vous à le laisser pleurer un peu, seul dans son lit (cela repose toute la famille et le bébé ne s'en trouvera pas plus mal).

Consultez un médecin au besoin pour vous assurer que le bébé ne souffre bel et bien que de coliques.

Constipation

Si votre bébé souffre d'une constipation passagère (selles dures et sèches ou dont l'intervalle dépasse un peu la durée habituelle), aidez-le tout simplement en lui offrant du jus de pruneau ou de raisin blanc dilué de moitié avec de l'eau bouillie et tiédie. Lorsque l'enfant est âgé de plus de six mois, vous pouvez lui faire prendre son jus pur, non dilué, ou lui faire manger, selon son âge, de la purée de pruneaux ou des pruneaux (sans noyau) comme dessert pour quelques repas.

Évitez de donner des aliments à base de riz, des carottes cuites, des pommes et des bananes, lesquels sont plus constipants.

N'administrez ni suppositoire, ni laxatif sans avoir préalablement consulté un médecin. Si la constipation persiste ou si elle a tendance à se répéter, il serait sage d'aller faire examiner l'enfant.

Diarrhée

Certains bébés vont faire jusqu'à quatre ou cinq selles par jour. Si une journée, il en fait six et que vous vous demandez s'il a la diarrhée, dites-vous qu'il y a de fortes chances que ce ne soit pas le cas, car si votre bébé avait la diarrhée, vous ne vous poseriez pas la question. C'est assez évident: les selles sont claires, presque de l'eau (si l'alimentation de l'enfant ressemble à celle de l'adulte, il y aura en plus de petits morceaux d'aliments mal digérés). Elles sont très fréquentes et les fesses s'irritent presque instantanément. Si vous êtes devant une telle diarrhée et surtout **si votre enfant est âgé de moins de six mois ou encore s'il fait de la fièvre ou qu'il vomit, consultez sans tarder un médecin.**

Si par contre, vous n'avez affaire qu'à des selles plus molles qu'à l'habitude, vous pouvez aider le système digestif de votre enfant en lui donnant du jus d'orange pur sans pulpe, non sucré, dilué de moitié avec de l'eau bouillie et tiédie et en optant de préférence pour les aliments à base de riz, les carottes cuites, les pommes sans pelure et les bananes bien mûres, préparés selon les textures correspondant à l'âge de l'enfant. Vous pouvez également mélanger à sa nourriture, une fois par jour, le contenu d'une capsule de yogourt. Évitez les fritures, les jus de fruits pouvant stimuler l'intestin (jus de pruneau, de raisin, etc.), le maïs et modérez la consommation de lait.

En tout temps, ayez une excellente hygiène. Lavez-vous les mains après chaque changement de couche ou après avoir essuyé votre enfant; faites-lui également laver les siennes après tout contact possible avec ses selles. Prenez soin également de laver à l'eau chaude savonneuse et de bien rincer biberons, suces, verres, assiettes, plats et ustensiles.

Draps de bébé
(changement des)

Avez-vous déjà changé les draps d'un lit de bébé? Quel exercice, surtout lorsque l'on vient d'accoucher. Et si vous avez un contour de lit, c'est encore pire!

N'en faites surtout pas une dépression et essayez le truc suivant. C'est simple et bébé aura un lit tout beau, tout propre chaque jour si vous le voulez.

D'abord, mettez votre protège-matelas (tout coton, de préférence sans dessous de plastique). Installez ensuite votre drap contour. Posez alors un piqué (tout coton) d'environ 60 cm par 75 cm (2' x 2 1/2') à l'endroit où le bébé couche. Prenez un drap plat plié en deux dans le sens de la largeur et posez-le sur le piqué pour le cacher. Bordez bien ce drap plat de chaque côté du lit. Placez votre petit rouleau (un petit piqué de coton roulé par exemple) que vous appuyerez contre le dos du bébé pour que celui-ci ne roule justement pas sur son dos lorsqu'il est couché sur le côté, petit rouleau que vous déplacerez tantôt à gauche, tantôt à droite du lit pour que votre nourrisson ne dorme pas toujours sur le même côté. Installez ensuite sur le drap un tout petit piqué (tout coton) à la hauteur de la tête de votre bébé s'il a tendance à régurgiter. Couvrez ou enveloppez bébé d'une petite couverture. Mettez ensuite un drap bordé au pied et sur les côtés du lit et tout ce que vous voulez par-dessus selon la saison.

Au moment du lavage, vous n'aurez qu'à ramasser la petite couverture, le piqué pour la régurgitation, le drap plat plié en deux et s'il le faut, le piqué de 60 cm x 75 cm (2' x 2 $^1/_2$'). Refaire le lit est un jeu d'enfant!

N'oubliez pas de laver le lit au grand complet de temps à autre quand même!

École
(amour de l')

Aimer l'école, cela n'est pas donné à tout le monde. Cependant, vous pouvez aider votre enfant à pencher dans ce sens en le préparant tranquillement dès l'âge de deux ans.

Faites-le dessiner, demandez-lui de faire des barres et des ronds, félicitez-le. Comptez avec lui ses barres, une, deux, trois belles barres! Vers deux ans et demi, posez-lui à tout moment de petites questions faciles: Un crayon plus un autre crayon, ça fait combien de crayons (en faisant la démonstration devant lui)? De quelle couleur est l'auto qui vient de passer dans la rue? À l'âge de trois ans, il sera capable de vous faire de beaux «o» et de beaux «i», ce qui ressemble beaucoup à des ronds et à des barres. Continuez toujours à lui poser de petites questions faciles, mais un peu plus abstraites. Comment s'appelle le petit de la poule? Quel animal donne le lait? Sur quelle rue demeures-tu? Ton nom commence par quelle lettre? Vers l'âge de quatre ans, apprenez-lui à écrire son prénom en utilisant la même calligraphie qu'il utilisera à la maternelle. Faites-lui faire de petits calculs du genre: Tu as deux livres, si j'en donne un à ton frère, il t'en restera combien à lire? J'ai deux cubes, si j'en ajoute deux, cela me fera une construction de combien de cubes? etc. Félicitez-le toujours, dites-lui qu'il est bon.

(Si au cours de ces petits apprentissages l'enfant démontre peu ou pas d'inté-

41

rêt, c'est que votre leçon est trop sérieuse ou pas assez sous forme de jeu, trop avancée pour lui ou trop longue. Il faut arrêter et recommencer un peu plus tard en modifiant quelque peu votre approche.)

Fort de tout ce bagage, il aura hâte d'aller montrer son précieux savoir aux amis de l'école. Il sera confiant une fois rendu et tout le reste se déroulera plus facilement. Même si votre enfant n'est pas le premier à l'école, encouragez-le dans ce qu'il sait faire de mieux et dites-lui que s'il veut devenir le meilleur dans son domaine, il doit également s'intéresser aux autres matières s'il veut être capable de faire le plus de choses possibles par lui-même plus tard (pour jouir d'une plus grande indépendance) et être fier non seulement de ce qu'il est (aimable, serviable, etc.), mais de ce qu'il connaît (pour acquérir une meilleure estime de soi).

N'oubliez pas que l'exemple est le meilleur maître. Un parent qui s'intéresse à une foule de sujets n'aura pas à faire de grands discours pour motiver son enfant.

Étiquette
(colle d')

Avez-vous déjà essayé d'enlever la colle que laisse une étiquette de prix sur un jouet d'enfant en plastique ou en métal (ballon, tricycle, etc.)? Plutôt difficile n'est-ce pas... si l'on ne connaît pas le petit truc qui suit!

Versez quelques gouttes d'essence pour briquets sur la tache de colle et frottez avec un essuie-tout. Génial!

Fièvre

La fièvre doit être traitée lorsqu'elle s'élève **au-dessus de 38,3 °C (101 °F)**. Pour prendre la température de votre bébé ou de votre jeune enfant, la méthode suivante est la plus simple. Appliquez de la gelée de pétrole (vaseline) sur la partie argentée du thermomètre pour en faciliter l'introduction. Couchez l'enfant sur le dos et tenez-lui bien les jambes légèrement repliées sur le ventre. Entrez doucement le thermomètre dans le rectum

(2,5 cm ou 1 pouce maximum) et tenez-le 2 à 3 minutes. Faites la lecture.

Les moyens suivants pour aider à faire baisser la température chez un enfant peuvent être utilisés pendant 48 heures lorsque l'on est en présence d'une fièvre qui réagit bien (que l'on peut faire redescendre à 38 °C (100,4 °F) et d'un enfant qui ne semble pas trop mal en point.

1. Donnez de l'acétaminophène (Tylenol, Tempra, etc.) en liquide ou en comprimés aux quatre heures, si besoin, aux doses recommandées pour le poids de l'enfant (voir Acétaminophène).

2. Épongez-lui le visage, les avant-bras, les mains, le bas des jambes et les pieds avec une débarbouillette d'eau tiède pendant une dizaine de minutes.

3. Avec un petit ventilateur à main (disponible pour 2,00 $), dirigez le vent vers l'enfant **à une distance raisonnable** pour qu'il n'ait pas l'air directement sur lui et **pour qu'il ne se**

prenne pas les doigts dans les hélices.

4. Baignez-le quelques minutes dans de l'eau tiède, légèrement plus froide que d'habitude. Aspergez constamment les parties de son corps qui demeurent hors de l'eau.

5. N'habillez pas trop chaudement votre enfant et couvrez-le seulement d'une légère couverture.

6. Faites-le boire souvent (eau, jus de fruits pur, non sucré et dilué selon l'âge ou lait) afin qu'il ne se déshydrate pas.

N.B.: Contrôlez la température de l'enfant régulièrement le jour et aux quatre heures la nuit afin de ne pas la laisser grimper trop au-dessus de 39 °C (102,2 °F).

Si au bout de 48 heures la fièvre persiste toujours, consultez sans tarder.

Fille ou garçon?

L'homme, par ses spermatozoïdes masculins et féminins, détermine le sexe de l'enfant à naître. Toutefois, il existe un

45

moyen pour aider la nature. (Ce sera le deuxième et dernier truc de grand-mère que vous trouverez dans ce livre et il est à prendre avec un grain de sel ou de sucre!)

Un mois et demi environ avant la période d'ovulation choisie pour «tomber enceinte», c'est-à-dire dès la fin des avant-dernières menstruations, la femme qui désire une fille devra se gaver de sucre (chocolat, pâtisseries, sucre dans les céréales et dans tout ce qui peut se sucrer) et éviter le sel, tandis que celle qui veut un garçon devra se tourner vers les plats salés, avoir la salière facile et bannir de son alimentation le sucre sous ses différentes formes. Tout serait une question de pH alcalin ou acide du corps de la femme qui favoriserait le déplacement des spermatozoïdes féminins dans un cas et des spermatozoïdes masculins dans l'autre.

Il est évident que ces régimes (sucré et salé) ne doivent pas être suivis par une personne présentant des problèmes de santé reliés au sucre ou au sel et qu'ils doivent être interrompus dès que vous soupçonnez que vous pourriez être enceinte.

Gencives
(mal de)

Les anneaux de dentition ne font pas effet et vous hésitez à appliquer les produits vendus en pharmacie pour soulager la douleur causée par la percée des dents chez votre jeune enfant. Faites alors congeler quelques bâtons (pas trop petits) de carottes ou de céleri. Quand le mal survient, prenez-en un, recouvrez-le d'un mouchoir **de coton**. Faites mâchouiller votre enfant jusqu'à ce qu'il y ait apaisement des pleurs. C'est magique!

Tenez le bâton pour l'enfant ou aidez-le à le tenir. NE LAISSEZ JAMAIS VOTRE ENFANT SANS SURVEILLANCE PENDANT QU'IL MÂCHOUILLE SON BÂTON, MÊME POUR QUELQUES SECONDES; IL RISQUERAIT DE S'ÉTOUFFER.

Histoire à dormir debout

Avez-vous parfois l'impression que l'heure des histoires ne finit plus d'en finir? Terminez donc avec celle-ci:

Il était une fois un joli petit oiseau vert à pois roses (changer d'animaux volants et de couleurs à l'occasion, un hibou bleu à pois jaunes par exemple, cela donne l'impression d'une histoire nouvelle). Il volait ici et là quand il décida d'aller dans le jardin (la cour arrière, sur la galerie, etc.) de grand-papa (faites choisir à l'enfant le nom d'une personne qu'il connaît bien, il aimera participer à l'histoire). Grand-papa était justement dans son jardin à cultiver ses légumes quand le petit oiseau vint se percher sur son doigt (sur son épaule, si c'est un hibou ou un perroquet). Grand-papa n'avait encore jamais vu un aussi bel oiseau. Demandez à votre enfant de vous dire la couleur de l'oiseau s'il s'en souvient. Aidez-le au besoin. Grand-papa décida donc de mettre en cage ce bel oiseau vert à pois roses. Mais après une journée, l'oiseau ne chantait plus, ne mangeait plus, il s'ennuyait terriblement. Grand-papa décida de le laisser partir. Il ouvrit la petite porte de la cage et tout heureux l'oiseau s'envola. Notre petit oiseau volait de-ci de-là lorsqu'il décida de s'arrêter dans la cour de tante Marie. Tante Marie était justement dans sa cour en train de ramasser les feuilles mortes quand le petit oiseau vint se poser sur le bout de son râteau... et ainsi de suite. Quand l'oiseau se sera posé à deux ou trois endroits différents (quatre ou cinq, si vous en avez le courage), terminez en disant: oncle Jean décida de le laisser partir. Il ouvrit la petite porte de la cage et tout heureux l'oiseau s'envola. Notre petit oiseau volait de-ci de-là quand fatigué, très fatigué, il décida de venir se blottir tout près de Dominique (le nom de l'enfant) pour faire avec lui un beau, beau dodo. Faites faire à l'enfant une petite place pour l'oiseau.

L'enfant aura eu l'impression d'avoir travaillé fort tout au long de l'histoire et il sera satisfait. Il s'endormira doucement si vous ne le réveillez pas en ronflant!

Irritation des fesses due aux selles

Les onguents à base de zinc sont bien populaires pour les fesses irritées, mais combien coûteux et parfois longs à faire effet. Voici donc un truc épatant!

Dès l'apparition d'une rougeur aux fesses due aux selles, lavez et asséchez la zone irritée. Saupoudrez-la ensuite de fécule de maïs (*corn starch*). Lorsque la rougeur est plus importante, étendez une couche de gelée de pétrole (vaseline) sur la partie irritée et saupoudrez-la de fécule de mais. Refaites l'opération à chaque changement de couche jusqu'à la guérison complète. En général, un ou deux changements de couche suffisent. Bizarre, n'est-ce pas, mais cela marche et même pour certains petits boutons sans gravité!

L'application d'une mince couche de vitamine E sur les irritations mineures de la peau donne également de bons résultats, quoique plus lents.

Même si vous connaissez maintenant le truc pour l'élimination des fesses rouges, n'oubliez pas qu'il n'y a rien de mieux pour le bien-être de l'enfant que les changements de couche effectués aux bons moments... même si cela est rarement tentant!

Jouets
(choix des)

Si votre enfant ne devait avoir que quelques jouets au cours de ses cinq premières années de vie, ceux qui suivent devraient être en haut de votre liste, les autres étant superflus, plus souvent qu'autrement achetés pour faire plaisir au parent:

— des cubes: petits, moyens, gros, de toutes les couleurs, de toutes les formes et de tous les matériaux possibles (développe la motricité, stimule l'imagination, exerce la concentration et la persévérance);

— des livres: petits, moyens, gros, de toutes les couleurs, de toutes les formes et de tous les matériaux possibles, sur tous les sujets (stimule l'imagination et la mémoire, développe le vocabulaire, permet de découvrir des mondes et des points de vue différents);

— des articles de dessin et de bricolage: crayons de couleur, de cire, ciseaux, papier, carton, pâte à modeler, peinture, etc. (stimule l'imagination et la créativité, affine la dextérité manuelle);

— une poupée ou un toutou (sécurise, aide à entrer en communication avec les autres);

— un ballon (permet une dépense d'énergie positive, développe la coordination, le contrôle et la précision des gestes, favorise l'orientation dans l'espace);

— un jeu de cartes (initie l'enfant aux mathématiques, facilite son intégration à la vie sociale, lui apprend à respecter des règles, à attendre son tour, à jouer en équipe, à accepter de perdre, à suivre un raisonnement);

— un quatre roues (1-2 ans), un tricycle (2-3-4 ans), une bicyclette (4-5 ans) (aide à l'autonomie, développe l'équilibre et la coordination, favorise l'orientation dans l'espace, la maîtrise et la confiance en soi);

— un poisson rouge!

Ne vous laissez donc pas séduire par la publicité tape-à-l'œil et revenez aux vraies valeurs, aux choses les plus simples. L'enfant a plus besoin de votre amour et de votre attention que de tous ces objets dénués d'intérêt qui encombrent les placards. N'ayez crainte, l'enfant trouvera dans son environnement tous les autres articles nécessaires à son développement (chaudrons, cuillères, branches d'arbre, bobines de fil, boîtes de carton, etc.).

Menus faciles à préparer
(idées de)

Voici quelques idées de menus nutritifs, variés, très faciles à confectionner et dont les enfants raffolent.

Les ingrédients et les quantités sont donnés dans les grandes lignes. Adaptez-les selon vos goûts pour les épices et le choix des légumes d'accompagnement et selon vos besoins en ce qui concerne les quantités.

Bâtonnets de poisson et couscous

- Faire cuire vos bâtonnets de poisson
  congelés (l'aiglefin est le préféré des
  enfants) selon les directives sur la
  boîte. (Vous pouvez également faire
  vous-même vos bâtonnets en cou-
  pant un filet de poisson blanc en bâtonnets, que vous roulez dans de la
  chapelure de pain de blé entier, que
  vous trempez ensuite dans un mélange composé d'un œuf battu et de 2
  cuillerées à table d'huile et que vous
  roulez de nouveau dans la chapelure.
  Cuire au four sur une plaque à biscuits environ 20 minutes à 180 °C
  (350 °F).

- Cuire du couscous selon le mode
  d'emploi indiqué sur la boîte (se pré-
  pare en 5 minutes) en y incorporant
  des petits pois verts.

- Servir avec des tomates et des carottes.

Boulettes de riz et de bœuf haché

- Dans un bol, mélanger environ
  375 ml (1 1/2 tasse) de riz cuit, 500 g

(1 livre) de bœuf haché non cuit, 2 oeufs légèrement battus, 213 ml (7,5 oz) de soupe aux tomates ($^3/_4$ de boîte) et du sel au goût.

- Faire de petites boulettes avec ce mélange. Les déposer sur une plaque à biscuits.

- Cuire au four environ 60 minutes à 180 °C (350 °F), en prenant soin d'arroser les boulettes aux 20 minutes avec du jus de légumes.

- Cinq minutes avant la fin de la cuisson, parsemer le tout de fromage cheddar ou mozzarella et faire gratiner.

- Servir avec du brocoli et des carottes.

Fondue chinoise

- Dans une casserole moyenne, préparer, selon le mode d'emploi, le mélange pour fondue chinoise (5 minutes).

- Incorporer 250 g ($^1/_2$ livre) de bœuf pour fondue chinoise (noix de ronde

tranchée) et laisser mijoter environ
4 minutes à feu modéré.

- Servir avec des pommes de terre au
four ou en purée et des asperges.

Œufs brouillés et jambon cuit

- Battre 4 œufs et une pincée de sel
dans 375 ml (1 $^1/_2$ tasse) de lait.
- Dans un poêlon, cuire à feu modéré
en brouillant le mélange à l'aide
d'une spatule tout au long de la cuisson.
- Saupoudrer de persil haché fin pour
donner de la couleur.
- Servir avec du jambon cuit en tranches, des pommes de terre et des tomates fraîches ou en boîte.

Pain de viande

- Faire cuire dans un poêlon (environ
5 minutes), avec un peu de beurre, un
gros oignon finement haché et 175 ml
($^3/_4$ de tasse) de carottes râpées.
- Bien mélanger dans un grand bol,
750 g (1 $^1/_2$ livre) de bœuf haché non

cuit, 2 œufs légèrement battus, 8 tranches de pain de blé séchées au four à basse température et finement émiettées, 213 ml (7,5 oz) de soupe aux tomates ($^3/_4$ de boîte), l'oignon haché et les carottes râpées refroidis et un peu de sel au goût.

- Verser dans un moule à pain et tasser légèrement le mélange.
- Cuire au four environ une heure et quart à 180 °C (350 °F) en arrosant de temps à autre de jus de légumes.
- Servir avec de la purée de pommes de terre et des pois verts.

Pâté au saumon

- Acheter 2 croûtes de tarte congelées.
- Mettre dans le fond d'une croûte une couche de petits pois verts.
- Recouvrir de trois ou quatre œufs durs en tranches.
- Étendre ensuite le contenu d'une boîte de saumon rouge de 213 g (7,5 oz).

- Terminer en recouvrant le tout d'une sauce blanche*.

- Mettre la croûte de dessus.

- Cuire environ 30 minutes à 180 °C (350 °F).

- Servir avec des pommes de terre et des carottes ou du chou-fleur.

Pâté chinois

- Cuire dans un poêlon, 500 g (1 livre) de bœuf haché, 1 gros oignon finement haché, 3 ou 4 cuillerées à table de concentré de bœuf (genre Bovril), un peu d'eau et une pincée de sel.

- Dans un plat allant au four, mettre dans le fond le bœuf que vous venez

---

* Sauce blanche: Dans une casserole moyenne, faire chauffer en brassant constamment 375 ml (1 $1/2$ tasse) de lait. Ajouter un cube de bouillon de poulet (genre cube OXO), 1 cuillerée à table comble de fécule de maïs (*corn starch*) et 1 cuillerée à table de beurre. Porter le tout à ébullition. Ramener à feu moyen et brasser encore pendant environ 10 minutes, jusqu'à ce que la sauce soit légèrement épaissie.

de faire cuire, étendre le contenu d'une grosse boîte de blé d'Inde en crème et terminer par une couche de purée de pommes de terre (patates pilées) que vous aplanissez à l'aide d'une fourchette.

- Placer quelques petits morceaux de beurre sur le dessus et cuire au four environ 30 minutes à 165 °C (325 °F).

- Servir avec des betteraves.

Salade de patates et lentilles

- Faire cuire 4 pommes de terre pelées.

- Laisser refroidir et couper en petits dés.

- Dans un bol, mélanger les pommes de terre en dés, 3 bâtons de céleri finement hachés, un concombre (sans pépins) finement haché, 150 ml (^{2}/3 de tasse) de lentilles cuites (en boîte si le temps vous manque) et un peu de mayonnaise, juste assez pour faire tenir ensemble tous ces ingrédients.

- Saupoudrer d'un peu de paprika pour donner de la couleur.

- Servir avec des carottes.

Suggestions de desserts

- Yogourt saupoudré de germe de blé.
- Fruits frais ou en conserve accompagnés d'un petit biscuit sec.
- Muffin et compote de fruits (pommes, pêches, poires, etc.).

Minuterie

La minuterie de la cuisinière électrique (ou toute autre minuterie) vous fera le meilleur arbitre du temps.

Lorsqu'il y a imbroglio autour d'un jouet, la sonnerie de la minuterie départagera objectivement le temps accordé à chacun pour en bénéficier (2 minutes pour l'un, 2 minutes pour l'autre quand les enfants ont 2 ans; 5 minutes pour l'un, 5 minutes pour l'autre lorsque les enfants ont 5 ans).

Elle peut également servir à l'heure du dodo. Vous dites à l'enfant: «Il te reste encore dix minutes pour jouer. À la sonnerie, on y va», et allez-y!

Si vous avez à faire un petit ouvrage qui ne peut attendre ou un appel important et que votre enfant vous colle constamment, dites-lui: «Prends tes cubes, joue seul cinq minutes car je dois faire telle ou telle chose et à la sonnerie, je ferai une petite construction avec toi.» C'est presque assuré qu'il fera ce que vous lui demandez en attendant patiemment. De votre côté, tenez parole et allez faire la construction dès que la sonnerie retentira, si vous voulez que ce truc fonctionne encore la prochaine fois!

Mitaines

Les tout-petits sont rarement de bons collaborateurs lorsqu'il s'agit de leur mettre des mitaines. Faites-les participer en leur demandant de faire des petits canards. Ils trouveront vite par eux-mêmes le trou du pouce pour faire faire «coin coin» à leurs deux petites mains!

Nuit
(réveil de l'enfant pendant la)

Si votre enfant a moins d'un an et qu'il se réveille la nuit, allez le rassurer immédiatement. Vérifiez si sa couche est mouillée ou souillée, s'il n'est pas malade. Faites-lui boire un peu d'eau ou du lait, redonnez-lui sa suce et son toutou ou sa poupée de tissu de coton doux et dites-lui de faire un beau dodo comme les petits oiseaux et les petits minous.

S'il a plus d'un an, dites-lui avant de le coucher, qu'il a bien mangé au souper, qu'il a pris son bain et un petit verre de lait, que tout va bien, que maman et papa sont tout près et que la nuit, c'est fait pour dormir. Donnez-lui sa poupée ou son toutou, sa suce et un baiser sur la joue. Dites-lui que vous l'aimez, fermez la lumière et dites-lui: «À demain!» S'il se réveille quand même pendant la nuit et que vous savez qu'il n'est pas malade, n'allez pas le voir ni lui donner à boire, à moins qu'il ne fasse très chaud. Dites-lui doucement, à partir de l'endroit où vous vous trouvez, que vous n'êtes pas loin, que vous êtes fatigué et qu'il doit également faire dodo s'il veut passer une belle journée demain. Laissez-le pleurer quelques minutes s'il le faut. S'il ne se rendort toujours pas, allez lui redonner son toutou ou sa suce, changez sa couche s'il y a lieu et couvrez-le bien. Dites-lui de faire un beau dodo, embrassez-le et allez vous recoucher. Répétez les opérations au besoin, en le laissant pleurer quelques minutes de plus la deuxième fois. Si c'est nécessaire et si vous le pouvez, alternez avec votre conjoint la présence auprès de votre enfant.

Faire les choses suivantes peut également favoriser le sommeil du tout jeune enfant comme du plus vieux.

- Mettre un contour de lit ou l'enlever selon l'enfant.

- Placer deux ou trois suces phosphorescentes près de la tête du bébé (s'il prend encore une suce bien entendu).

- Allumer une veilleuse ou l'éteindre selon l'enfant.

- Mettre de la musique douce une quinzaine de minutes avant le coucher de l'enfant et la laisser jouer au moins quinze autres minutes après qu'il se soit endormi.

- Avant d'aller vous mettre au lit, allez parler doucement à votre enfant endormi. Posez délicatement la main sur son front et dites-lui que vous l'aimez et de faire un beau dodo. L'enfant aura une sensation agréable et apaisante même s'il dort. Cela le rassurera pour la nuit.

Ongles des doigts et des orteils

Ne vous faites donc pas une montagne de ce petit travail et rendez-vous la vie facile en vous procurant de petits ciseaux avec lesquels vous serez à l'aise (vous devrez peut-être en acheter plus d'une paire avant de tomber sur la bonne). Quand bébé s'endort sur vous, profitez de l'occasion pour lui couper les ongles des doigts et des orteils. Arrondissez un peu les coins, c'est beaucoup moins accrochant. Lorsqu'il est plus vieux, faites comprendre à votre enfant que cela ne prend qu'une minute et qu'il se sentira beaucoup mieux qu'avec des ongles qui cassent parce qu'ils sont trop longs et qu'ils finissent par égratigner.

Lorsque vous expliquez à un enfant les vraies raisons qui font que vous devez lui prodiguer tel ou tel traitement (exemple: brosser ses dents pour ne pas avoir de carie, moucher son nez pour faire partir plus vite le rhume, etc.), il est bien rare d'en trouver un qui n'accepte pas de se prêter de bonne grâce à votre séance de soins.

Otites
(conseils pour prévenir les)

- Ne pas faire boire le bébé en position couchée. Son tronc et sa tête devraient toujours être légèrement à l'oblique.

- À l'heure du bain, ne jamais immerger les oreilles du bébé ou de l'enfant.

- Laver les cheveux de l'enfant (de moins de trois ans) en le couchant sur le dos sur une serviette posée sur le comptoir de la cuisine, la tête au-dessus de l'évier. D'une main soutenir sa nuque et sa tête, de l'autre, à l'aide d'une débarbouillette, laver et rincer les cheveux.

- Laver les cheveux de l'enfant (de plus de trois ans) debout, dos à la douche, la tête légèrement renversée par en arrière, en lui faisant tenir, au besoin, une débarbouillette sur ses yeux. Rincer les cheveux à l'aide d'un récipient de plastique ou d'une douche-téléphone. Ne pas oublier de garnir votre bain ou votre douche de motifs ou d'un tapis antidérapants.

- Veiller à ce que son nez soit toujours propre (voir Rhume et grippe).

Phobie

Phobie: Crainte excessive, maladive de certains objets, actes, situations ou idées. (Dictionnaire Petit Robert)

Si votre enfant a développé une phobie (peur du tonnerre et des éclairs, peur du vent, peur d'être malade, etc.), il faut faire preuve de patience et de compréhension et tenter de le rassurer du mieux que vous pouvez, sans toutefois donner à cette peur une trop grande importance. Si après quelques mois, le problème demeure présent, les conseils d'un psychologue peuvent s'avérer utiles et nécessaires, et dans bien des cas, beaucoup plus pour le parent que pour l'enfant. Les phobies sont en quelque sorte contagieuses. Si vous avez peur des ascenseurs par exemple, il y a de fortes chances que votre enfant développe également cette peur et souvent de façon plus marquée. Il est donc à conseiller aux parents de ne laisser paraître aucune crainte ou anxiété ni dans leur voix, ni dans leur comportement ou leur regard face à des situations moins plaisantes et de demander l'aide d'un psychologue lorsque l'on n'y parvient pas seul.

Pipi au lit

Votre enfant est maintenant propre le jour et la nuit... la nuit, pas toujours! D'abord, avant de penser à la propreté de nuit de votre enfant, celui-ci doit au moins avoir passé plusieurs nuits au sec dans sa couche. Si c'est le cas, mais qu'il lui arrive encore à l'occasion de mouiller son lit, voici quelques petits trucs qui vous aideront à traverser cette étape de façon plus détendue.

— Ne donnez pas de liquide à votre enfant dans l'heure précédant le coucher sauf s'il est malade, s'il a eu très chaud en s'excitant ou s'il fait très chaud.

— Faites-lui faire pipi juste avant de le mettre au lit.

— À l'heure de vous mettre vous-même au lit, allez lever votre enfant pour lui faire faire pipi. Il ne s'en rendra pas compte la plupart du temps.

— Placez entre son matelas et son couvre-matelas (autant que possible tout en coton) un sac de plastique géant ou un piqué plastifié pour garder son matelas propre et sec.

— Ayez toujours sous la main un pyjama propre.

— Aménagez dans un coin de sa chambre ou dans tout autre endroit convenable de la maison un petit matelas avec des couvertures sur lequel vous transférerez votre enfant au besoin. Si vous avez un lit d'ami, c'est encore mieux.

— Ne disputez surtout pas votre enfant même si le pire se produit malgré tout. Cela ne fera que retarder son contrôle urinaire nocturne.

Il est évident que cela occasionne plus de lavage et que votre nuit sera perturbée, mais dites-vous que tout comportement qui en général est disparu à l'âge scolaire (faire pipi au lit, faire caca sur le plancher, renverser son lait par terre, échapper les objets, etc.) est indépendant de la volonté de votre enfant et qu'il n'y a aucun motif valable pour le réprimander. Il faut être patient et applaudir l'enfant à chaque fois qu'il enregistre un petit progrès.

Poinçon

Voici un petit détail qui a l'air tout à fait anodin, mais qui pourtant peut faire la différence entre une vie paisible et les signes avant-coureurs d'une dépression.

Si vous nourrissez votre enfant au lait maternisé liquide, n'oubliez pas d'ouvrir vos boîtes en utilisant un poinçon et non un ouvre-boîte. Pensez à toute la saleté que les petits morceaux de fer-blanc pourraient faire dans votre lait si vous optez pour le second ustensile. C'est presque inimaginable parfois comment on peut s'éviter un tas d'ouvrage avec si peu!

Propreté
(entraînement à la)

Entre 22 et 36 mois, un enfant devrait habituellement avoir appris à faire pipi et caca dans le pot. Il est cependant inutile de forcer la nature. L'enfant doit d'abord être physiquement prêt, c'est-à-dire que son système nerveux doit être suffisamment développé pour qu'il ressente l'envie de faire ses besoins et qu'il ait la capacité de les retenir un peu. Ne créez pas de blocage psychologique chez votre enfant en l'obligeant à faire ses besoins sur le pot sous prétexte qu'il a l'âge et pour économiser des couches. Allez-y doucement par étapes de la façon suivante:

— lorsque votre enfant a 22 à 24 mois, placez dans votre salle de bains une petite chaise avec un pot qui ressemble à celle des grandes personnes (inutile de payer une fortune, il en existe de très convenables pour moins de 15,00 $);

— à l'occasion (après un repas par exemple), demandez à votre enfant s'il veut essayer de faire un petit pipi ou un petit caca dans le pot comme les grands sur leur toilette. S'il ne veut pas, c'est qu'il n'est pas prêt. Ne le pressez pas. Vous réessayerez dans quelques jours;

— lorsqu'il aura enfin accepté de faire un pipi dans le pot par hasard ou en toute conscience, félicitez-le, montrez-lui que vous êtes fier de lui en lui donnant une surprise. Il essayera de répéter son exploit pour vous faire plaisir, mais également pour la petite

71

surprise. Lorsqu'il consentira de nouveau à aller sur le pot, même si cela ne fonctionne pas, donnez-lui quand même une récompense pour lui montrer qu'il comprend maintenant qu'il doit aller sur le pot. Allez-y à son rythme et changez peu à peu les surprises en de beaux gros becs et de bonnes poignées de main;

— si un jour votre enfant est couché et qu'il vous demande après deux ou trois vaines tentatives de pipi sur le pot, de retourner une quatrième fois, ne lui répondez surtout pas: «Fais-le dans ta couche!» Vous risqueriez d'être obligé de tout recommencer. Changez-lui les idées en allant lui chanter une petite chanson ou en lui donnant son ourson;

— en effet, pour mille et une raisons, il arrive souvent qu'un enfant que l'on croyait presque propre se remette soudainement à faire pipi ou caca dans sa couche. Soyez patient, il pourra s'écouler quelques jours voire même quelques semaines avant que

72

celui-ci ne reprenne ses bonnes habitudes. En attendant, ne brusquez rien. Bien que vous ayez à lui faire penser régulièrement de rester propre et sec en allant faire un petit tour sur le pot, cela doit, en définitive, venir de lui seul. Si vous devez asseoir de force votre enfant sur le pot, il se peut qu'il s'exécute, mais en réalité on pourra se demander lequel du parent ou de l'enfant est le plus propre!

— mettez-lui des couches aussi longtemps que nécessaire, cela sécurisera l'enfant et vous évitera bien des pipis par terre (les couches-culottes sont bien pratiques, mais coûteuses et non indispensables). Lorsqu'il aura passé deux ou trois jours sans faire pipi ni caca dans la couche, mettez-lui une petite culotte et un pantalon facile à baisser et à remonter, et ma foi, vous aurez maintenant une grande fille ou un grand garçon!

Méfiez-vous des personnes qui vous disent que leur enfant a été propre du jour au lendemain!

Querelles

S'il est vrai que les querelles entre enfants sont saines pour leur affirmation et qu'elles sont la base même des négociations futures, il n'en demeure pas moins qu'elles sont exténuantes pour le parent qui en est si souvent le témoin. Aussi, n'ayez pas peur d'intervenir.

Lorsqu'il s'agit d'une querelle au sujet d'un jouet et que vous avez épuisé les «On partage les amis, chacun son tour», «Qui l'avait pris en premier», «Tiens, viens prendre cela en attendant», confisquez tout simplement le jouet. C'est fou comme ils s'intéressent vite à autre chose.

Si vous avez affaire à une chicane avec les poings et que vous avez essayé sans succès les «Voyons, tout doux!», «On ne se chicane pas comme ça, qu'est-ce qui se passe?», «Cela fait mal, tu aimerais, toi, qu'on te tire les cheveux?», «Excuse-toi et va lui donner un bec», «Je comprends que tu puisses être fâché, mais de taper sur ton petit frère n'est pas la meilleure solution pour obtenir ce que tu veux, n'est-ce pas?», alors éloignez tout simplement l'enfant agressif. Assoyez-le sur une chaise ou un fauteuil dans la pièce où il se trouve (il n'est pas nécessaire de l'isoler; cependant, pour certains enfants, la chambre à coucher donne de meilleurs résultats) en lui disant de se calmer et de réfléchir à ce qu'il vient de faire. Au bout de trois minutes (plus l'enfant est âgé, plus la durée de la pause peut être augmentée — jusqu'à dix minutes maximum), demandez-lui doucement s'il désire continuer à jouer **calmement** avec sa sœur, son frère ou ses amis. Il répondra «oui», c'est évident. À chaque fois, répétez-lui qu'à l'avenir s'il y a quelque chose qui ne fait pas son affaire, au lieu de taper, de mordre ou de tout casser, il est préférable qu'il vienne vous le dire pour qu'ensemble vous trouviez une façon acceptable de résoudre le problème.

Dans les deux situations, vous n'avez ni crié, ni frappé et tous les esprits (y compris le vôtre) se sont admirablement

bien apaisés... jusqu'au prochain diffé-
rend!

Refus de faire telle ou telle chose ou la phase du «non»

Lorsque votre enfant refuse systéma-
tiquement de faire telle ou telle chose,
placez-le devant un choix, il se sentira
valorisé.

Il ne veut pas mettre ses souliers ; demandez-lui par quel pied il veut com-
mencer, le droit ou le gauche. Il fera auto-
matiquement un choix. Il refuse de mettre
sa bavette ; demandez-lui s'il préfère mettre la rouge ou la bleu. Il voudra absolu-
ment mettre la rouge... ou la bleu! Il ne
veut pas ramasser ses jouets, demandez-
lui s'il veut que ce soit papa ou maman
qui l'aide. Il choisira papa par exemple et
il ramassera ses jouets. Il ne veut pas dire
«bonjour», demandez-lui s'il préfère sa-
luer de la main ou envoyer un bec soufflé,
et ainsi de suite.

Vous aurez à faire preuve d'imagination pour formuler vos questions, mais

vous éviterez ainsi bien des moments d'entêtement de part et d'autre.

Lorsque le jeune enfant dit «non», ce n'est pas à vous qu'il le dit; il dit non à la conformité, au standard. C'est tout simplement un moyen pour lui de dire qu'il existe, qu'il est un être différent des autres. Il est en train de se forger une personnalité bien à lui.

Repos
(s'accorder un temps de)

Après la naissance d'un bébé, à moins que vous n'ayez pris soin de vos dix frères et sœurs, le moindre effort apparaît comme une montagne à franchir. Comment faire le ménage, le lavage, la cuisine, les commissions, s'occuper du mari et des autres enfants, s'il y en a, avec un bébé qui prend tout notre temps? Demandez de l'aide et acceptez-la volontiers et **dormez, dormez** aussi souvent que vous le pouvez. Laissez de côté la poussière, ne faites que le strict nécessaire. Un plancher marqué peut être lavé dans six mois, mais un enfant marqué peut l'être toute une vie s'il ne reçoit pas par la suite l'aide nécessaire. N'allez donc pas au bout de vos forces. Faites une sieste en même temps que votre ou vos enfants. Si votre conjoint n'est pas content de l'allure de la maison, demandez-lui de vous aider ou d'accepter cet état de choses pour quelques mois. Dites-lui que ce n'est pas moins fatigant pour vous que pour lui. Demandez à un parent ou à un ami de sortir le bébé et les autres enfants, s'il y en a, quelques heures ou de vous cuisiner un plat pendant que vous dormez. Ne vous en faites pas, votre bébé ne sera privé de rien et tout le monde bénéficiera d'une maman et d'une conjointe en pleine forme et souriante. Plus tard, lorsque l'occasion se présentera, vous rendrez la pareille à quelqu'un qui en aura besoin.

Il ne faut cependant pas se leurrer; car jouir des heures de repos nécessaires avec un nourrisson s'avère plus souvent qu'autrement une mission impossible. Essayez tout de même de créer les occasions. Au besoin, ayez recours à des services tels que le Groupe Les Relevailles s'il existe dans votre région; les «maisons ouvertes» pour les parents de jeunes enfants (lieu de rencontre où l'on échange avec d'autres parents pendant que les enfants jouent); le service de gardiennage de votre paroisse (certaines paroisses offrent même des après-midi gratuits de garde d'enfants) et le CLSC de votre localité.

Une fois reposée, tout semble tellement plus facile. Les chicanes d'enfants deviennent de petits messages de revendications légitimes, les verres de lait renversés sur le plancher forment de jolis animaux comme les nuages dans le ciel, les montagnes de lavage et de pliage disparaissent comme par enchantement, les nuits blanches à bercer l'enfant qui fait de la fièvre sont des motifs en or pour se rapprocher de son petit trésor et ainsi de suite. Vous pensez qu'il y a un peu d'exagération là-dedans et bien pas du tout... ou si peu!

Rhume et grippe

Votre enfant a encore attrappé le rhume ou la grippe! Il faut que cela fasse son temps, comme on dit, mais il y a quelques petits moyens pour rendre ce moment moins pénible et peut-être même pour en raccourcir la durée.

- Faites boire souvent l'enfant (eau et jus de fruits pur, non sucré et dilué selon l'âge).

- Gardez le nez du bébé le plus propre possible en mettant, à l'aide d'un compte-gouttes, 2 gouttes par narine d'une solution d'eau et de sel: 250 ml (8 onces) d'eau bouillie et tiédie et 1 ml ($^1/_2$ c. à thé) de sel. Drainez les sécrétions avec une poire nasale (vendue en pharmacie) ou en exerçant de légères pressions de haut en bas sur le nez de votre enfant. Si celui-ci n'aime pas les gouttes dans le nez, trempez un petit mouchoir **de coton** propre dans la solution mentionnée ci-dessus et insérez-le-lui, peu profondément, dans une narine à la fois pour quelques secondes. Aspirez le mucus de la façon décrite plus haut ou en faisant moucher l'enfant s'il est plus vieux.

- Donnez un sirop approprié (consulter le pharmacien) si la toux ou la congestion sont importantes.

- Frictionnez la gorge, la poitrine et le dos de l'enfant avec un décongestionnant nasal ou un antitussif (genre Vicks VapoRub).

- Soulevez légèrement la tête du lit de votre bébé en plaçant des livres sous les pattes ou en plaçant deux oreillers sous la tête de votre enfant s'il a plus de 18 mois.

- Si possible, faites fonctionner un humidificateur dans sa chambre.

- Lors d'une quinte de toux, amenez l'enfant bien couvert dans la salle de bains et fermez la porte. Donnez-lui un verre d'eau. Assoyez-le sur vos genoux et faites couler l'eau froide de la douche afin qu'il en respire les vapeurs (3 ou 4 minutes). Sortir l'enfant à l'extérieur à l'air frais peut également contribuer à apaiser la toux (n'oubliez pas de bien l'emmitoufler si c'est l'hiver). Si votre enfant ne fait pas de fièvre et qu'il vomit uniquement lors de sa quinte, ne paniquez pas, c'est une défense naturelle qu'il utilise pour lutter contre son étouffement. Donnez-lui un peu d'eau.

- Faites prendre plus de repos à l'enfant.
- Changez sa taie d'oreiller à chaque jour.
- Évitez les refroidissements (tel qu'aller près des comptoirs surgelés des épiceries en plein été).
- Évitez poussière, tapis et toutous en peluche dans sa chambre.
- Évitez de fumer dans la maison, au moins pendant la durée du rhume ou de la grippe de votre enfant.
- Lavez vos mains et celles de votre enfant le plus souvent possible.
- Essayez de lui donner un kiwi à chaque jour (rhume ou pas!).
- Évitez de lui donner des bonbons et du chocolat (rhume ou pas!).

Si la toux est sèche et que l'enfant a de la misère à respirer, si le rhume est

tenace, que la fièvre est persistante ou qu'il y a des vomissements, consultez immédiatement un médecin.

Sorties au restaurant avec un enfant d'un an ou deux

Lors d'une petite sortie au restaurant avec votre jeune enfant d'un an ou deux, les articles suivants devraient vous permettre de profiter pleinement d'un réel moment de détente:

— deux couches jetables;

— une suce (si besoin est) attachée au vêtement de l'enfant à l'aide d'un cordon muni d'une pince;

— deux débarbouillettes mouillées (une pour la figure et les mains, l'autre pour les fesses) dans deux petits sacs de plastique séparés;

— une bavette;

— un gobelet à bec ou un biberon selon l'âge;

— trois crayons de cire pour faire dessiner l'enfant (le napperon de papier du restaurant servira de feuille);

— un grand sac à poignées pour y fourrer manteaux, chapeaux, mitaines et foulards en hiver.

Si après avoir pris soin d'apporter toutes ces choses, vous ne réussissez pas à jouir de votre sortie, c'est qu'il y a quelqu'un de trop fatigué! Réessayez une autre fois.

Suce

On conseille maintenant la suce aplatie sur un côté afin d'éviter de déformer les dents et le palais. Certains vanteront les mérites de la suce ronde, plus naturelle, car ressemblant davantage au mamelon de la mère. Question de mode, de marché ou de santé? Le problème réside davantage dans la façon de procéder pour s'en débarasser que dans la forme qu'elle peut avoir.

En principe, un enfant entre un an et deux ans (plus jeune, c'est encore mieux) devrait être en mesure de se départir de sa suce. Voici deux moyens pour faciliter cette rupture:

- Si votre enfant ne réclame sa suce qu'à l'heure du dodo, il sera plus facile pour lui d'en être privé. Un bon soir, lorsque la journée aura été particulièrement bonne, cachez la ou les suces de votre enfant et faites semblant de la ou de les chercher partout. Dites ensuite à l'enfant: «Je ne trouve plus ta ou tes suces, j'ai cherché partout, nous l'avons perdue (les avons perdues). J'ai une idée! Tiens ton ourson (ou ta poupée) très fort et fais comme lui (ou elle). Tu vois, il (ou elle) n'a pas de suce non plus et il (ou elle) dort déjà.

- Si votre enfant aime particulièrement sa suce, vous pouvez toujours utiliser ce premier moyen, mais ce pourrait être plus difficile. Essayez plutôt cet autre truc: un peu avant l'heure du coucher, lorsque la journée aura été particulièrement bonne, coupez à l'aide de ciseaux, sans que l'enfant ne vous voit, le bout de sa ou de ses suces. Offrez-lui en une et surveillez sa réaction. **Ne laissez jamais seul un**

enfant avec une suce endommagée. Il dira «caca — brisée». Vous lui répondrez que sa ou ses suces sont trop vieilles et qu'elles ne sont plus bonnes et que d'ailleurs, il est assez grand pour ne plus en avoir besoin. Donnez-lui son toutou et dites-lui de faire un beau dodo comme lui, sans suce.

Une fois la suce enlevée pour la nuit, ne la redonnez plus, le pire est passé. S'il la réclame le lendemain, dites-lui que vous ne la retrouvez toujours pas ou qu'elle n'est plus bonne, selon le cas.

Il est très dur de résister à la tentation de redonner la suce et à la moindre contrariété ou peine de votre enfant; vous vous direz: «Si j'avais sa suce, il me semble que cela irait tellement mieux.» Dites-vous que plus vous attendez, non moins sans difficulté la séparation se fera.

Suppléments et vitamines pour les enfants de deux ans et plus

Les vitamines, minéraux et suppléments alimentaires ne sont pas nécessaires si vos enfants ont une alimentation saine et variée. Malheureusement, même si c'est le cas, les quantités ne sont pas toujours là et la prise occasionnelle de vitamines (formule complète) et de suppléments alimentaires (huile de foie de morue, perles d'ail et capsules de yogourt) peut aider de façon appréciable à éviter certaines infections surtout en hiver.

Il existe des vitamines à croquer sous toutes les formes, couleurs et saveurs possibles pour les enfants de deux ans et plus.

N'oubliez pas cependant qu'une vitamine et qu'un supplément alimentaire ne remplaceront jamais un bon repas. L'enfant doit apprendre tout jeune les bases d'une saine alimentation si l'on ne veut pas faire de lui plus tard un adepte de la compensation par vitamines, par poudre ou par tablettes nutritives.

N.B.: Un kiwi par jour vaut sûrement une petite vitamine!

Table à langer

Si vous avez argent et espace, il n'y a rien de mieux qu'une table à langer munie de trois rebords (sur les côtés et à la tête) et d'une ceinture.

Si une ou les deux composantes mentionnées ci-dessus vous manquent (espace ou argent), il y a quelques solutions encore possibles:

• Il se vend d'épais piqués à rebord spécialement conçus pour les changements de couches et pas très chers que vous pouvez installer soit sur le comptoir près du lavabo dans la salle de bains s'il est assez long, soit sur la laveuse ou la sécheuse. Si vous optez pour cette solution, n'oubliez jamais qu'une de vos mains doit toujours surveiller le bébé lorsque votre autre main est sous le robinet. **NE LAISSEZ JAMAIS VOTRE ENFANT SANS SURVEILLANCE, MÊME UNE SECONDE, SI L'ENDROIT N'EST PAS TOTALEMENT SÉCURITAIRE.**

- Si vous n'avez pas de place dans la salle de bains, utilisez le pied du lit du bébé. Le bébé n'utilisant que l'autre bout du lit, cette solution s'avère très pratique et sécuritaire tant que le matelas est à son plus haut niveau (pour vous éviter des maux de dos), que l'enfant ne se lève pas et qu'il est assez petit pour entrer dans le sens de la largeur du lit.

Placez un piqué de plastique sur le dessus des couvertures au pied du lit du bébé sur lequel vous mettrez un piqué de coton. Installez sur une petite commode près du lit tous les produits et articles nécessaires aux soins du bébé dans un plateau de plastique.

Conclusion

L'auteure espère, à travers ces quelques pages, avoir réussi à vous rendre un peu plus douce et agréable la vie avec votre ou vos enfants en la facilitant par de petites astuces auxquelles on ne pense pas toujours du premier coup et en vous libérant de quelques vaines inquiétudes. Si, par surcroît, elle a pu vous sauver temps et argent, son but aura tout à fait été atteint.

En terminant, l'auteure vous rappelle que lorsqu'un enfant garde un moral bien haut (qu'il sourit, jacasse et trottine malgré ses petits bobos), alors que l'état de celui du parent pourrait souvent être qualifié d'inversement proportionnel, c'est que tout va pour le mieux dans le meilleur des mondes!

Lectures complémentaires suggérées par l'auteure

Comment nourrir son enfant de la naissance à deux ans
> (Louise Lambert-Lagacé, diététiste)

Du côté des enfants
> (Danielle Laporte, psychologue
> Germain Duclos, psycho-éducateur et orthopédagogue
>
> Louis Geoffroy, m.d., pédiatre
> Hôpital Sainte-Justine)

Mieux vivre avec son enfant de la naissance à deux ans (gratuit sur demande et également disponible dans les hôpitaux lors de l'accouchement)
> (Hôpital de l'Enfant-Jésus)

IMPRIMERIE QUEBECOR
L'ÉCLAIREUR
27825